Album

Álbum

Ana Elisa Ribeiro

/re.li.cá.rio/

Para minha mãe, Maria Carmen,
primeira fotógrafa dos meus álbuns.

"Sobre o que falam os livros.
Mentem.
Dizem que são uma coisa, e dependendo de como se lê, de quem lê, são outra."

Elvira Vigna
Como se estivéssemos
em palimpsesto de putas

Desenhar com luz

DA INVEJA 17
TEORIA & PRÁTICA 18
BURKEANA 19
EXPOSIÇÃO 20
APRENDA A LER #1 21
APRENDA A LER #2 23
ENSAIO 24
LUZ 25
LUZ 2 26
DO DESCARTÁVEL 27
INSTANTÂNEO #0 28
INSTANTÂNEO #1 29
INSTANTÂNEO #2 30
PROCESSOS 31

Caixa de fotos

JAZ 36
HERANÇA 37
REGULAGEM 39
MENOS DUAS 40
CLUBE DA ESQUINA 42
DANTES 43
6 44
INSTANTÂNEO #3 45
INSTANTÂNEO #4 46
INSTANTÂNEO #5 47

PRENHEZ 48
ÁLBUM 49
DURAÇÃO 50
ASA 100 51
DO INVISÍVEL 52
IMPRÓPRIO 53
MOVIE 54
ERA 55
*** 56
CHEIO E VAZIO 57
NAMORADA 59
VIAGEM 60
AGORA 61

Desfotografias

SENTIMENTO DO MUNDO 65
NA PAREDE 66
NENHUM 67
RESOLUÇÃO 68
DA AUSÊNCIA 69
FOTONOVELA 70
AVÓ 71
POEMA IMPRESSO NA HORA 72
VENTO OESTE 73
FILA 75
EPIFANIA 77
UMA IDEIA 78
ESPERA 79
81 81

Dublê de fake

SENSAÇÃO 85
SELFIE 86
REDES 87
O AVESSO 88
DAS PRÓTESES 90
ESTA, SIM 91
RESSURRETO 94
*** 95
FAKE 96
MAIS FÁCIL OU FOTOGRAFIA DIGITAL 97
GRANULAR 98
O TEMPO ESTÁ 99
REFINARIA 100

Desenhar com luz

"O casamento.
É o começo mais fácil que consigo arranjar.
Aquele negócio de sempre. Tule, glacê.
E muita emoção aqui para o fotógrafo.
Depois, o que resta é o álbum, a prova
tipográfica do convite, uma bala de coco no
papel de seda dentro de uma gaveta qualquer."

Elvira Vigna
Como se estivéssemos
em palimpsesto de putas

DA INVEJA

Reescreve o poeta
os poemas
que lhe parecem maus.

Reescreve o músico
as frases
que lhe soam mal.

Revele-nos
o fotógrafo
sua magia.

TEORIA & PRÁTICA

O obturador
deixará passar
a luz necessária.

Que mecanismo
deixará passarem
as palavras
necessárias
ao poema?

BURKEANA

aprendemos a ler fotografias
com um historiador:
os detalhes dos cenários
das mãos das poses
dos ângulos e dos objetos
nas paredes ou que repousavam
em mesas, menos ou mais adornadas

nas fotos da família
os uniformes eram novos
e as joias reluziam
até em preto e branco

já o outro ramo dos parentes
guardava uma pequena caixa
de fotos que quase não nos mostravam

para que não gastássemos
— com os olhos e as mãos sujas —
aquelas relíquias

EXPOSIÇÃO

aumentássemos a exposição
e o dia apareceria mais cru
nesta fotografia
em que flagraram
sua calcinha clara.

graças à falta de luz
e de perícia do fotógrafo
sua calcinha
é apenas
sugestão

APRENDA A LER #1

aprenda a olhar ao redor:
a casa a cortina o piano — fechado —
os sofás os sapatos as almofadas
as janelas abertas e um sol entardecido
as roupas o cinzeiro cheio
as sombras de quem não posou
mas ficou a angariar sorrisos dos outros
os lembrados e os esquecidos
os vistos e os que dependerão da memória alheia

aprenda a observar:
a pompa as poses os cabelos da moda
os cortes de colarinho e as poucas gravatas
as calças os lenços os esmaltes
as peças em cima das mesas pequenas
os copos com restos de bebidas claras
os olhares esparsos para fora da foto

...

...

falta apenas o colorido
sequestrado desde o clique
em um filme que só poderia
obter a cena em tons de cinza

a sua memória
será capaz das cores?

APRENDA A LER #2
para Mauro Figa

o centro da foto
o assunto, ensina-me o professor
de barbas cuidadas

o centro e o foco
de uma foto
desde a mirada

a regra do terço
mirando
quase errando

a fotografia
mostra também
o que o fotógrafo
não viu
ou nem sabia que via

fora do centro
fora de foco
tudo o que
também importa

ENSAIO

teu susto
na foto
denuncia
o fotógrafo

não houve
ensaio

LUZ

vamos agora
que esta luz está boa
este dia de nuvens
melhor que o sol
estourado
este dia azul
mais que amarelo

vamos que é agora
esta foto
para a posteridade
mais que nós mesmos
podemos saber

se nem estivermos
mais juntos
nela, estaremos

nenhuma fotografia
se mede
em segundos

LUZ 2

sente a luz
a melhor que há
a esta hora
é possível capturar as auras

mira o melhor
ângulo da serra ou do céu
mira dentro ou fora
do visor que há

enquadrar
é um exercício
de olhar

clica
quando achares
que nunca mais
podes viver
sem a foto

DO DESCARTÁVEL

Os movimentos
se embaçam
nas fotos

As fotos embaçadas
são descartadas

As palavras não se embaçam:
se borram

se atropelam se amarfanham
tropeçam umas nas outras
se arranham

Palavras borradas
se aproveitam?

INSTANTÂNEO #0

fotos
flagram
olhares

sua maior
revelação

INSTANTÂNEO #1

fotos
flagram
o espanto

que talvez
nos
revele

INSTANTÂNEO #2

fotos
flagram
abraços

mais do que
podemos
planejar

PROCESSOS

O amor é um processo químico.
O amor é um processo biológico.
O amor é explicável pela história,
com implicações geoespaciais.
O amor é uma questão híbrida.

A fotografia é um processo químico.
A fotografia é um processo físico.
A fotografia é uma questão artística,
jornalística e tecnológica,
com implicações éticas e financeiras.
A fotografia é uma questão híbrida.

O que dizer de nossas fotografias rasgadas?
O que dizer destas fotos em que não estamos
lado a lado, e nem podemos nos tocar?
O que dizer das fotos que não tiramos
daqueles dias de amor nascente?
E destas fotos em que estamos
com os pares errados?

...

...

O que não é fotografia
dependerá da memória.

A memória é um processo químico.
A memória é um processo biológico.
A memória é uma questão para nós,
com implicações para o futuro.

O amor é um processo.
A fotografia é um processo.
A memória não é confiável.
O amor é sempre um processo.
A fotografia, não.
Olhar minuciosamente a fotografia
é um processo híbrido.
A memória é um processo que falha.
Resta confiar na ciência e no amor.

Caixa de fotos

"Passei pela montra do fotógrafo ao sair. As fotografias estão róseas ou amarelecidas. Ainda lá se podem ver as noivas gordas, algumas salpicadas por cagadelas de mosca, mostrando os dentes estragados num sorriso envergonhado, coroadas de tule e florinhas. Os noivos apagados ou ausentes como se aqueles casamentos fossem todos por procuração. Lá estão também as matronas pimponas cobertas de jóias, o vestido apertado. Raparigas solteiras que prometeram o retrato ao namorado e esmeraram-se no penteado. Bebés nus deitados de barriga para baixo, os olhos boquiabertos, assarapantados como baratas de pernas para o ar, a pulseirinha oferecida pela madrinha a luzir no pulso rechonchudo. Crianças com fatos domingueiros empoleiradas em coxins de veludo posando para o passarinho e que são hoje mães e pais de família."

Adília Lopes
O meu retrato, em *Bandolim*

JAZ

teremos sempre
— de novo —
avós bisavós tios
mãe e pai
enquanto cultivarmos
nossos álbuns
de fotografias

HERANÇA

que os herdeiros brigarão
pelos lotes as contas bancárias
chaves do carro e os investimentos
já sabemos

que haverá reuniões infinitas
e contendas
a respeito do que fazer com
lotes e casas
e algum dinheiro escondido
já sabemos

ela diz, desde que somos crianças,
que não terá posses a deixar
nesta vida — resignou-se há tempos

...

...

aproveita as férias sentada à mesa
organizando pilhas das fotos que tira e revela
em álbuns ricamente datados
como que a nos deixar
todos os detalhes de nossas infâncias
juventudes conquistas celebrações

guarda esses álbuns, de modelos variados,
em baús e maleiros cuidadosamente limpos e secos
prometendo sempre nossa herança

passa as férias datando e colando fotos
como se fossem álbuns de figurinhas
de adesivos únicos, sem troca
como que a organizar nossas vidas
devolvendo-nos a memória
que podemos perder a qualquer hora
para ela, esquecer é um infortúnio

que os herdeiros brigarão pela casa
pelos móveis antigos pelas contas bancárias
pelo direito às pensões
mas nem pensarão em seus retratos tão organizados
isso já sabemos

REGULAGEM

a noção
dos nossos corpos

[em suas mudanças
e alternâncias]

se regula
pelas
fotografias

MENOS DUAS

sete irmãos
e irmãs
quase abraçados
tímidos no ato
da fotografia

meio posados
meio não
muito limpos
em suas roupas
bem passadas

cinco moças
dois rapagões
orgulhosos de suas
calças suspensas

sete irmãos e irmãs
na fotografia
em cima do piano

as duas irmãs —
mortas em acidentes —
continuam limpas
e desafiadoras
sobre o negro
piano fechado

os demais
irreversivelmente
envelhecem

CLUBE DA ESQUINA

aquelas duas crianças
na foto da capa do disco
não eram amigas
de infância

eram apenas
as duas crianças
da capa do disco

seus olhares
sua proximidade
na foto
enganaram-nos
por décadas

DANTES

Como pode estar mais magra
do que trinta anos antes?

Como pode estar calvo ou obeso,
se nada indicava isso?

Como pode ter estado ali,
se não nos lembrávamos desse dia?

Como pode ter morrido,
se a foto pretendia sempre
impingir-lhe um sopro de vida?

6

as palmas
flagradas
no ar
não capturam
sua imensa alegria
ao completar
6 anos

INSTANTÂNEO #3

éramos
vistos
sobre
o guarda-corpo
de uma rua
em Ouro Preto

e nem
suspeitávamos:

ficaríamos ali
para sempre

INSTANTÂNEO #4

a foto
quase
nos pega
no flagra

o beijo
sequer
aconteceu

ou
a memória
já nos traiu?

INSTANTÂNEO #5

Só mesmo uma foto
para nos flagrar
no auge
de um quase

PRENHEZ

estava grávida
naquela foto

o filho
não chegou
a nascer

a foto
nos mantém
à sua espera

ÁLBUM

Na foto, há 20 anos,
não havia sinais de calvície.
As fotos não são anúncios, prenúncios
as fotos não são donas
da permanência. Nem do futuro.
Fotos não preveem, nem previnem.
As fotos guardam o mote
da comparação, se sua imagem
ainda for mais presente
do que o álbum antigo.

DURAÇÃO

Passávamos em grandes grupos
com largos sorrisos
e nenhuma informação
sobre nossa própria duração

ASA 100

Seus olhos fechados
frustraram a última chapa
daquele filme asa 100

revelei e
guardei tudo

sem saber que aquela
frustração
seria pura
alegria
futura

DO INVISÍVEL

Seu olhar para fora da foto
deve ter registrado
o momento quase exato
em que você atendia
ao chamado da mãe
do pai talvez meu

entramos na foto
sem saber

IMPRÓPRIO

penteamos os cabelos
de um jeito inusual
pintamos os lábios
as bochechas as pálpebras
de um jeito improvável
posamos para a foto
de um jeito incomum
e não éramos bem nós

mas todos sempre soubemos
explicar aquela foto
no álbum
como um flagrante
do artifício

MOVIE

duas décadas e algo mais
revimos os vídeos da nossa infância

rever os vídeos
causou-nos um espanto
inconfessável

os chuviscos e as cores
esmaecidas
da fita magnética
não se pareciam
com as fotos congeladas
em álbuns coloridos

os vídeos
tinham quase
o poder
da ressurreição

ERA

O desassossego
daquela noite
foi ter visto uma foto
em que nada se
parecia com o que
havia sido

Cabelos sorrisos
rostos restos
flagraram as noções
erradas do que
nenhum de nós
era mais

***

Os cabelos o recorte do rosto
— menos ou mais gordo —
a troca dos óculos
o peso das mãos
meneios de cabeça
não registrados

o olhar fugidio
tímido de soslaio
os trinta anos ou quase
a calça jeans
que durará mais dez anos

os pelos do braço
de tudo mudará
a cor ou o traço

nas fotos,
são sorrisos guardados

CHEIO E VAZIO

o baú fechado
sobre a cômoda
no quarto de minha mãe

vazio
cheio de quê

o baú de madeira escura
fechado

eternamente
sobre a cômoda
sobre a pedra fria
do tampo
de uma cômoda
imensa

foi o cenário
de muitas
fotografias

...

...

mas ninguém
pôs nele reparo

nossa alegria
estava sempre
em primeiro
plano

NAMORADA

sua mão direita
pousada
sobre as coxas
de uma amiga antiga

seus cabelos maiores
quase imberbe
de bermuda

meus ciúmes
atiçaram-se
como se toda foto
fosse o ápice
do presente

VIAGEM

sinto o frio
dessa neve
lançada
em suas lentes

a lembrança
da viagem
à França

sinto o frio
que você
sempre comenta

os dedos
dos pés
insensíveis

à espera
de passarmos apenas
para a próxima
página

AGORA

Tomou-me
a vergonha
daquela foto
em que apareço
com os cabelos
alisados

alguns
instantâneos
servem
para acharmos
que somos
melhores
agora

Desfotografias

SENTIMENTO DO MUNDO

tenho duas mãos
o sentimento do mundo
ideias deambulantes
e muito gás para queimar

não fosse isso
e eu seria
— mal e mal —
um retrato
no álbum
de minha mãe

NA PAREDE

as cidades
que são
retratos
na parede
não se parecem
com a minha
cidade

minha cidade nasceu
quando já existia
filme

NENHUM

e como dói
ter duas mãos
o sentimento do mundo
e nenhum retrato
que aqueça
uma lembrança

RESOLUÇÃO

escaneio uma pétala
fotografo

cato
ponho — delicadamente —
sob(re) o vidro,
deixo passar a luz

e a pétala se forma
na tela
no visor
de alta definição

sem resolver
a questão

DA AUSÊNCIA

a ausência dela
pode ser amenizada
pela fotografia

embora eu insista
em tocar-lhe os cabelos
de fios grossos
e só me venha
a textura lisa
do papel especial

e eu só consiga
manchar a imagem
com minhas digitais

e eu me esforce
por ouvir
sua risada
altissonante

é melhor do que
só memória

FOTONOVELA

Os homens pegam peso.
Carregam fardos e
empunham armas que dão coices;
os homens levantam caixas,
fazem o transporte dos seixos;
os homens se unem
e puxam carretas emperradas;
os homens movem mesmo
montanhas;
os homens usam cordas
e laços
e arrastam pedras barcos
metais madeiras e máquinas;
os homens carregam
fardos;

mas só as mulheres
carregam o filho morto
no ventre
por mais de uma semana.

AVÓ

a mãe morta,
nas fotos de família,
torna-se menos morta
embora mais fantasmagórica
e menos quente
embora mais presente
e mais viva
embora falecida
e reaviva a lembrança
embora
sem esperança

POEMA IMPRESSO
NA HORA

escrever um poema
não é como
pegar peixe com as mãos; caçar com flecha;
riscar fósforo; rezar o terço; alcançar a graça;
dizer adeus; ou capturar borboleta.

Também não é como
a dor do parto; fotografar pessoas paisagens
ambos; ver estrela cadente; catar feijão;
descrever sentimento.

Escrever o poema
se parece com
carregar água na peneira
e dar nó em pingo d'água:
lugares muito mais comuns.

VENTO OESTE

a solidão
é um vento
que sopra a oeste

nunca viste?
repara.

a solidão
às vezes
é uma brisa.

vem do leste,
quando se distrai.

mas perigoso mesmo
é quando ela vem
de cima.

...

...

cai
como
uma
burca

feita
sob
medida

solidão
nenhuma
pode ser
vestida.

FILA

numa fila
indiana
as mulheres
tinham seus dentes
contados e avaliados
pelos algozes

eles lhes abriam
os botões da roupa
nos peitos

apertavam
mamilos
até certo
tom de roxo

enfiavam-lhes dedos e unhas
sujas
por baixo de saias
rotas

...

...

pediam duas ou três
notas
dó, ré, mi

só pra ver
se eram meninas
de fato
femininas

e concluíam que sim
elas
davam
para o gasto

e se não chorassem
podiam até
durar mais

EPIFANIA
para S.

segunda despedida
desta vez, temos uma fotografia
com isso poderemos sempre mirar
a rambla, os prédios & nossa alegria

o que será nossa vida, além de
um cordão de despedidas?
fio de *adeus* às vezes próximos
— outra vez raros feito o tempo

que desafortunada
a velhice demente de minha bisavó:
que acordava sempre
no mesmo dia
da morte do marido

tempo vindo, tempo ido
nosso patrimônio seja
qualquer lembrança vívida
à luz de sorriso e muito livro

UMA IDEIA

uma ideia para um poema
torna-se às vezes
uma ideia para uma foto
torna-se às vezes
uma ideia para um desenho
torna-se às vezes
uma ideia para um vestido
torna-se às vezes
uma ideia para um filme
torna-se às vezes
uma ideia para um romance
torna-se às vezes
uma ideia
por meses e meses

ESPERA

um objeto largado
denuncia sua presença
num passado recente
— um objeto móvel

os dias vão apagando
os vestígios de tudo

a rotina da casa
a limpeza a organização
a varrição a máquina de lavar

só na fotografia
podemos estar fixos
em uma cena morta

esperar é quando
sabemos para quando, não?
esperar sem ponto fixo?

...

...

esperar sem previsão
é — só — esperança

vamos perdendo a fé
à medida que os objetos
retornam aos lugares

e as fotografias se tornam
os únicos objetos
capazes de ser rastro
vestígio prova
motor da lembrança
suspiro respiração
inspiração para a espera

este é o poema
que nasceu
para figurar
na página 81
de um livro original

as fotografias
não são numeradas

elas nascem
para que as deitemos
soltas em caixas

à procura
de novas narrativas

a ordem das fotos
não precisa ser
a ordem dos fatos

Dublê de fake

SENSAÇÃO

toquei seus cabelos molhados
na foto

foi preciso molhá-la
para sentir
seus cabelos molhados

a foto se desfez
então nas pontas
dos meus dedos
molhados

não eram seus cabelos
molhados,
que as fotos
só fingem sustentar

SELFIE

vamos tirar
uma selfie

vamos armar
um sorriso
digital

um filtro
vintage
para nos fazer
viajar
no tempo
das fotografias
que jamais
existirão

REDES

as fotos mais visualizadas
são aquelas
em que aparecem
crianças com cães

os adultos
já não
prometem
nada

O AVESSO

m'envias
a fotografia
em que estás
parado ao lado
de uma estátua imensa

o olho esquerdo da estátua
mira a ti
e não mira o fotógrafo

tu miras o fotógrafo
e posas e sorris
e tens os olhos doces

a foto me faz suspirar
e ter um pouco de ciúme
da estátua que te olha de perto

m'envias
a fotografia
e pensas que minhas saudades
podem se reduzir

mas é o avesso

DAS PRÓTESES

o CD com duzentas
de nossas fotos
da lua de mel
não pode mais ser lido

não podemos mais ser vistos
no fulgor
de uma praia qualquer

qual era mesmo?
chovia, por acaso?

onde as partes
da nossa história?

Teria sido melhor
confiar na memória

ESTA, SIM

o tempo da foto
incorrigível

portanto
do sorriso
incorrigível

e do piscar
e do gesto
e do corpo
e do rosto
incorrigíveis

o tempo da foto
espontânea
incorrigível

do flagrante
vestido
flutuante

...

...

da foto perdida
que tínhamos pena
de jogar fora

mesmo assim
o tempo da foto
reveladora
de nossa
pouca prontidão

o tempo da foto
sem revelar,
da transluminação

da foto a ser rasgada
do negativo
a copiar

[esta, sim;
aquela, não]

e fazíamos
uma coleção
de fotos
sem revelação
prestes a serem
esquecidas

o tempo
da imperfeição

RESSURRETO

trocaria
uns dias
de vida
pela sensação
longínqua
de tocar
de novo
seus cabelos
pretos

ou brancos

na foto
que não
envelhece

não enruga
e nem
o ressuscita

***

toco a paisagem com as pontas dos dedos
pressiono mais:
textura de couchê fosco

cor desmaiada de entardecer falso
silêncio
( )
sem bordas brancas
...

...quando tenho certeza
de que havia pássaros canoros
e aquele seu sorriso
congelado
— mesmo na lembrança
da tarde quente de um verão
passado

FAKE

> *à espera de S.*

o braço
sem a alma
não faz abraço;
como beijo
só é beijo
se tem lábio & alma;
não basta só a língua
ou o beiço.

a foto sem o corpo
é o *fake* da presença;
da voz [rouca]
ao mais denso
do corpo
só se mata saudade
com carne & osso.

MAIS FÁCIL OU FOTOGRAFIA DIGITAL

rasgávamos fotografias
para esquecer

coisas pessoas eventos

hoje,
tudo pode nascer
esquecido

GRANULAR

Tempo [só]
serve para
organizar.

Hora minuto segundo
muitos sim
quantos não

O tempo se mede
ou em poro
ou em grão.

O TEMPO ESTÁ

o tempo está no seu cabelo
que se descolore sozinho
o tempo está no cigarro aceso no cinzeiro
    apagado em seguida
o tempo está no amarelo das fotografias
o tempo está no vinco que marca
o rosto do meu pai, aos 72 anos
o tempo está nas calhas desta casa
    e nas folhas que se acumulam
o tempo está nas larvas que viram moscas
o tempo está no quanto o tempo dura
as horas de trabalho são o tempo
    trocado pela proximidade da morte
o relógio da sala é simulacro do tempo,
    contando com nossa fé
    de que o tempo pode ser medido
[e meus dias de medo? a espera? e as noites de
angústia? medem-se como?]
as ampulhetas são uma forma bonita de tempo
    as ampulhetas brincam com a areia
    enquanto o tempo passa em grãos invisíveis

REFINARIA

das cento e poucas páginas
que escrevi
no último ano

das centenas de versos
que guardei
passados doze meses

hoje
só penso
que possam
s'evaporar
como
água salgada

deixando
o rastro
de um cristal
a ser
refinado

Grata à Maíra Nassif e à Relicário por
esta imensa confiança; aos tradutores que
espalharam alguns destes poemas por aí em
espanhol e em francês, Sérgio Karam [com a
ajuda dos poetas Salvador Biedma (Argentina)
e Carmen Victoria Muñoz Morales (Colômbia)]
e Luciana Salazar Salgado, parceira na UFSCar.

Partes deste livro compuseram um original
já chamado *Álbum*, que ganhou o Prêmio
Manaus, nacional, na categoria poesia, em
2016; outras partes estão em projetos e
publicações digitais na web; outras ainda
foram participar da Bienal Internacional de
Poetas de Paris, em 2017; de maneira que o
ineditismo de alguns textos é relativo; o de
outros é absoluto.

Ana Elisa Ribeiro, 1975, é mineira de Belo Horizonte. Autora de *Poesinha* (BH, Pandora, 1997), *Perversa* (SP, Ciência do Acidente, 2002); *Fresta por onde olhar* (BH, InterDitado, 2008), *Anzol de pescar infernos* (SP, Patuá, 2013), *Xadrez* (BH, Scriptum, 2015), *Marmelada* (BH, Coleção Leve um Livro, com Bruno Brum, 2015), *Por um triz* (BH, RHJ, 2016). Além desses livros de poesia, tem outros de crônica, conto e infantojuvenis publicados por diversas editoras brasileiras. Participou de antologias, revistas e jornais no Brasil, em Portugal, na França, no México, na Colômbia e nos Estados Unidos. É doutora em Linguística Aplicada pela UFMG, professora e pesquisadora de Edição no Centro Federal de Educação Tecnológica de Minas Gerais (CEFET-MG).

© Relicário Edições
© Ana Elisa Ribeiro, 2018

Dados Internacionais de Catalogação na Publicação (CIP) de acordo com ISBD

R484a
      Ribeiro, Ana Elisa
      Álbum / Ana Elisa Ribeiro. — Belo Horizonte, MG : Relicário, 2018.
      108 p. ; 12,5 x 19 cm.

      ISBN: 978-85-66786-67-5

      1. Literatura brasileira. 2. Poesia. I. Título

                            CDD 869.1
2018-347   CDU 821.134.3(81)-1

Elaborado por Vagner Rodolfo da Silva - CRB-8/9410
Índice para catálogo sistemático:
1. Literatura brasileira : Poesia 869.1
2. Literatura brasileira : Poesia 821.134.3(81)-1

Coordenação Editorial
Maíra Nassif Passos

Capa, Projeto gráfico e Diagramação
Caroline Gischewski

Revisão
Sérgio Karam

Foto da capa
Acervo da autora
(fotógrafa: Maria Carmen Ferreira Ribeiro)

Relicário Edições
www.relicarioedicoes.com
contato@relicarioedicoes.com

1ª EDIÇÃO [2018]
3ª REIMPRESSÃO [2025]

Esta obra foi composta em Studio e Hello Stockholm sobre papél Pólen Bold 90g/m², para a Relicário Edições.